AF642722

CHRISTOPH HEIN

ALLES, WAS DU BRAUCHST

DIE 20 WICHTIGSTEN DINGE IM LEBEN

CHRISTOPH HEIN

Alles, was du brauchst

DIE 20 WICHTIGSTEN DINGE IM LEBEN

MIT ILLUSTRATIONEN VON

ROTRAUT SUSANNE BERNER

CARL HANSER VERLAG

ES IST LANGE HER und begann mit einer dummen Geschichte, mit einer sehr dummen Geschichte.

Ich musste ins Krankenhaus, aber nicht für zwei, drei Tage, sondern für ewig lange. Für sechs Wochen. Und ich sollte in ein Krankenhaus kommen, das sehr weit weg war, tausend Kilometer oder so.

»Ich gehe nicht. Ich gehe keinesfalls dahin«, sagte ich zu meiner Mutter.

»Es muss sein, mein Junge«, sagte sie.

»Doktor Sewekow kann mir eine Spritze geben. Ich werde nichts sagen. Keinen Pieps. Ich werde nicht ein Mal schreien.«

»Das geht diesmal nicht. Wenn du gesund werden willst, musst du ins Krankenhaus.«

»Ich will nicht für eine Ewigkeit in ein dämliches Krankenhaus.«

Aber meine Mutter schüttelte den Kopf und sagte: »Es ist keine Ewigkeit, es sind nur sechs Wochen. Die gehen schneller vorbei, als du denkst. Und wir besuchen dich, so oft es geht. Zu deinem Geburtstag bist du längst wieder daheim.«

»Nein, nein, nein«, schrie ich, »ich will nicht.«

»Es muss sein, mein Kleiner. Du kannst dir alles mitnehmen, was du brauchst. Du wirst dort nichts vermissen.«

»Alles? Wirklich alles?«

»Ja. Versprochen.«

»Gut, du hast es mir versprochen. Ich brauche dort mein Zimmer. Mein ganzes Zimmer.«

»Aber, Junge, ein ganzes Zimmer kann man nicht transportieren. Es ist besser, wenn du dir jetzt genau überlegst, was du dort wirklich brauchst. Dann holst du dir einen der Koffer und packst alles ein. Alles, was du willst und brauchst. Ich werde deinen Koffer nicht kontrollieren, versprochen.«

Dann ging meine Mutter in die Küche und ließ mich einfach allein.

Ich schaute mich in meinem Zimmer um. Alles, was ich brauchte, durfte ich mitnehmen, aber was von allem in meinem Zimmer brauchte ich denn nicht?

Ich brauchte alles.

Ich ging in den Keller, nahm einen Koffer heraus und schaute ihn mir an. Dann stellte ich ihn zurück und nahm den größten Koffer. Ich ging mit ihm in mein Zimmer zurück und fing an zu packen.

»Bist du fertig? Ist der Koffer gepackt?«, fragte mich meine Mutter beim Abendessen.

»Nein. Ich bin noch nicht fertig. Ich muss noch nachdenken. Ich möchte schließlich nichts vergessen, was ich unbedingt brauche.«

»Das ist sehr klug von dir. Das Wichtigste sollte man immer bei sich haben.«

Am nächsten Morgen besorgte ich mir die Kofferschlüssel und schloss den großen Koffer ab, denn er war randvoll und keiner außer mir sollte sehen, was ich alles benötigte. Aus dem Keller holte ich einen zweiten Koffer.

Am Montagmorgen sollten wir fahren. Am Abend zuvor erkundigten sich meine Eltern, ob ich alles gepackt hätte. Ich nickte nur grimmig. Wir gingen zusammen in mein Zimmer. Dort standen drei schwere, große Koffer.

»Das ist alles?«, fragte mein Vater nur.

»Ich hoffe, dass ich nichts vergessen habe«, sagte ich.

»Hast du auch an Hemden, Hosen, Unterwäsche und Schuhe gedacht? An Kamm und Zahnbürste?«, fragte er.

Ich zuckte zusammen. »Nein, daran habe ich überhaupt nicht gedacht.«

»Ja, dann kommt wohl noch ein vierter Koffer hinzu. Denn ich vermute, dass in die drei nichts mehr hineinpasst«, sagte er.

»Die sind voll«, sagte ich. »Da musst du nicht nachschauen.«

»Geht in Ordnung, Junge.«

Mein Vater hatte Mühe, die vier Koffer im Auto zu verstauen. Einer der Koffer musste auf dem Rücksitz angeschnallt werden.

»Brauchst du denn das wirklich alles? Ich fürchte, du hast viel zu viel eingepackt«, sagte meine Mutter.

»Es ist gar nicht so viel«, erwiderte ich, »nur das Notwendigste. Ich fürchte vielmehr, dass ich etwas vergessen habe. Etwas, was ich unbedingt brauche.«

»Kein Problem, mein Junge. Das bringen wir dir mit, wenn wir dich besuchen kommen.«

Um es gleich zu sagen: Meine Mutter irrte in dieser Sache einmal gewaltig, und einmal hatte sie recht. Und mir erging es genauso, aber genau umgekehrt. Denn erstens waren die sechs Wochen eine Ewigkeit, und ich weiß gar nicht, wie ich sie überstanden habe. Und zweitens hatte ich viel zu viel mitgenommen.

Zwei meiner drei großen Koffer habe ich in dem Krankenhaus nicht einmal aufgeschlossen. Sie standen die ganze Zeit hinter meinem Bett, und ich musste mir dumme Sprüche von den Krankenschwestern anhören, die alle wissen wollten, was ich in den mit einem Schloss gesicherten Koffern für Schätze habe.

Diese dumme Geschichte ist schon ein paar Jahre her, aber seitdem habe ich ab und zu darüber nachgedacht, was man wirklich braucht. Worauf keiner verzichten kann.

Für dich habe ich aufgeschrieben, was ich dabei herausbekam: Es ist mehr, als man denkt, und weniger, als man glaubt.

Vielleicht hilft es dir oder deiner Schwester, wenn ich euch das erzähle.

Alles, was du im Leben brauchst, das sind:

1 EIN FREUND

Freunde hat keiner zu viel. Selbst die reichsten Leute nicht, denn richtige Freunde sind sehr selten. Und man kann sie nicht kaufen. Einen Freund oder eine Freundin sollte jeder haben.

Ein Freund, das ist der, mit dem man nicht nur über Filme und Bücher und Mode und über die Mädchen und Jungen reden kann.

Mit einem Freund kann man über das reden, worüber man eigentlich mit keinem sprechen kann. Wenn du den ganzen Tag die Tränen zurückgehalten hast, bei ihm kannst du sie loslassen. Er wird dich verstehen.

Und wenn du dich in eine Situation gebracht hast, aus der es keinen Ausweg gibt, wenn du auf deine Eltern und die Lehrer und alle, die du kennst, wütend bist, wenn du nicht mehr weißt, wie du den Tag überstehen sollst und am liebsten tot wärst, dann hast du noch immer deinen Freund. Der sagt dann nur: »Hey, Mann, du steckst aber ganz schön tief in der Scheiße. Komm, lass uns ein Eis essen gehen und miteinander reden.« So einer ist das.

Freunde sind selten. Und sie können abhandenkommen, wenn man nicht aufpasst. Wenn du einen Freund verlierst, ich meine, einen wirklichen Freund, dann ist das fast so schlimm, als ob deine Mama stirbt. Du wirst es dein Leben lang nicht vergessen, und es wird dir noch wehtun, wenn du hundert Jahre alt bist.

Also, pass auf deinen Freund auf. Du brauchst ihn nämlich. Und er braucht dich. Das ist Freundschaft.

2 MAMA

Ja, ich weiß, sie nervt. Stets hat sie etwas auszusetzen und nörgelt herum. Nichts macht man ihr recht. Ständig kommt sie mit ihren dummen Ermahnungen und klugen Sprüchen.

Ich weiß das alles, und ich kenne das alles selbst, denn bei mir war das nicht anders. So ist jede Mama, das war schon immer so.

Aber ich will dir etwas verraten, woran du vielleicht noch nie gedacht hast. Eine Wahrheit, die du irgendwann einmal selber erfahren wirst. Und ich hoffe für dich, du erfährst sie nicht zu spät, denn das wäre schlimm und würde dich sehr bekümmern.

Deine Mama ist die wichtigste Frau in deinem Leben. Ungelogen, das ist so.

Du wirst noch viele Frauen kennenlernen, tolle Frauen, aufregende, kluge, witzige, schöne Frauen. Vielleicht wirst du eine treffen, die du mehr liebst als jede andere, vielleicht mehr als dein eigenes Leben. Du wirst dir wünschen, dass du jeden Tag mit dieser Frau zusammen sein kannst. Das wird sicher eines Tages passieren. Und dennoch bleibt deine dich nervende Mama für dich auch dann die wichtigste Frau.

Nicht nur, weil sie dich auf die Welt brachte und dir geholfen hat, als du noch klein warst. Nicht nur, weil sie für dich immer da war und für dich gesorgt hat. Und auch nicht wegen der vielen Geschenke, dem schönen Essen, dem Schokoladenpudding und den leckeren Eisportionen.

Deine Mama ist die wichtigste Frau deines Lebens, weil sie dich im Arm hielt, als du noch klein warst. Weil sie später bei dir am Bett saß, dir Bücher vorlas, dich streichelte, dir den Gutenachtkuss gab. Und weil sie immer so gut gerochen hat.

Du denkst jetzt vielleicht, das ist nicht viel, und verstehst überhaupt nicht, wieso sie deswegen so wichtig sein soll. Ganz genau erklären kann ich dir das auch nicht, aber bei den Menschen ist das so. Die Frau, die uns einmal im Arm hielt, die als Einzige unseren großen Kummer damals verstand und uns tröstete, ist für den Menschen die wichtigste Person. Für jeden Menschen.

Und auch wenn du erwachsen bist, sogar wenn du schon alt bist, so richtig alt, und deine Mama vielleicht nicht mehr lebt, auch dann noch bleibt sie der wichtigste Mensch deines Lebens. Auch du wirst das eines Tages erfahren. Und ich hoffe, du erfährst es rechtzeitig genug, um es ihr zu sagen. Oder irgendwie mitzuteilen. Denn deine Mama versteht auch eine kleine Geste. Du solltest sie einmal streicheln, ganz kurz nur. Oder ihr einen Kuss genau dann geben, wenn sie es nicht erwartet. Vielleicht weil sie dich gerade wieder nervt.

Wir sollten jetzt noch über Papa reden, der ist ja auch irgendwie wichtig. Aber ich weiß, das ist im Augenblick kein guter Moment für dich, weil du dich tüchtig über ihn geärgert hast. Warten wir also lieber, bis er sich wieder beruhigt hat und man vernünftig mit ihm reden kann.

3 EINE KATZE

Es gibt seltsame Krankheiten, die auch die Ärzte nicht richtig erklären und die sie nicht heilen können. Eine Allergie zum Beispiel, das ist so eine merkwürdige Krankheit. Wer so etwas hat, darf nicht alles essen. Oder er niest sich fast zu Tode, wenn er mit irgendetwas in Berührung kommt, gegen das er allergisch ist. Es gibt sogar Allergien gegen Katzen und Hunde, und das ist besonders dumm. Denn dann darf man nicht zu ihnen gehen und sie streicheln, sondern darf sie nur aus der Ferne bewundern, als seien es gefährliche Tiger. Dabei sollte jeder Mensch und jedes Kind eine Katze besitzen, denn Katzen sind gute Freunde. Mit einer Katze im Schoß wird man ruhig. Man fühlt sich geborgen, wenn sie bei einem ist.

Du kannst mit ihr sprechen und ihr alles erzählen, sie versteht dich. Und du verstehst sie auch, denn ihr beide könnt euch mühelos verständigen. Ihr habt eine besondere Sprache. Eine Geheimsprache, die nur du und deine Katze beherrschen. Wenn du mit ihr in deiner Geheimsprache sprichst, versteht sie jedes Wort. Und du verstehst sie. Nur du, kein anderer.

Manchmal gefällt es einer Katze, wenn man sie streichelt. Wenn ihr danach ist, kommt sie zu einem gerannt, drängt sich geradezu auf, läuft einem zwischen die Beine, dass man fast hinstürzt, und verlangt, dass man sie streichelt. Und sie gibt uns auch sehr deutlich zu verstehen, wie man sie streicheln soll und wo. Und natürlich auch, wo nicht. Das Streicheln kann ein paar Minuten dauern, dann hat sie es satt und geht ihrer Wege. Oder sie will eine ganze Stunde gestreichelt werden, und dann soll man sich nur mit ihr beschäftigen und nicht nebenbei noch etwas anderes machen, die Schularbeiten etwa oder ein Buch lesen. Nein, sie will, dass man sie streichelt und sich nur um sie kümmert. Katzen sind so.

Oder aber sie will nicht gestreichelt werden, aber neben einem liegen. Am liebsten in einem Abstand von genau einem halben Meter. Und diesen Abstand muss man einhalten, sonst schlägt sie mit ihrer Pfote einmal rasch zu. Dann hast du ein paar blutige Kratzer auf der Hand, und die tun weh. Oder sie geht beleidigt von dannen. Sie liebt die Nähe, aber zu nah sollte es auch nicht sein. Etwas Respekt voreinander ist angesagt, findet sie. Bitte nicht zu nah, gibt sie uns dann zu verstehen. Du bist mir sympathisch, meint sie, aber man muss ja nicht gleich übereinander herfallen.

Allerdings gibt es für Katzen eine große Ausnahme, und das ist das Bett. Vielleicht wissen sie, dass Mama und Papa es nicht gern sehen, wenn sie zu einem ins Bett kommen. Deswegen sind Katzen im Bett besonders anschmiegsam. Man kann die Hand auf sie legen, manchmal sogar den ganzen Kopf. Im Bett sind Katzen für alles zu haben. Und wenn Mama unverhofft ins Zimmer kommt, kann man rasch die Bettdecke über sie legen. Die Katze bleibt mucksmäuschenstill und verrät nichts.

Nur beim Fressen darf keiner sie stören. Das haben sie nicht gern. Sie fürchten, man will ihnen etwas wegfressen. Und da kennen sie nichts, da wird gefaucht und gekämpft. Da heißt es Abstand halten.

Katzen sind herrlich weich und warm. Schöner als jeder Pullover. Und man hat jemanden, für den man sorgen kann. Der einen braucht. Das ist schön.

4 HOPPELPOPPEL

Es muss bei dir nicht Hoppelpoppel sein, es kann für dich ein ganz anderes Essen sein. Jeder Mensch hat so ein Essen, das ihn an etwas Wunderbares erinnert, aber bei jedem ist es ein anderes. Und für jeden Menschen gibt es einen ganz besonderen Grund, weshalb er dieses Gericht so sehr liebt, dass er es eigentlich jeden Tag essen könnte.

Bei meiner Frau sind es kleine Grießklöße, einfache, kleine Grießklöße. Die werden im Wasser gekocht, in einer Pfanne mit Butter kurz angebraten und dann mit Zucker oder mit Zucker und Zimt serviert. Mir schmecken sie überhaupt nicht, aber meine Frau hat diese Grießklöße in ihrer Kindheit häufig gegessen, und wann immer sie heute diese Klößchen isst, erinnert sie sich an ihr Zimmer in der alten Wohnung, an Schulfreunde, an die Kindergeburtstage, an Weihnachten und den Gabentisch. Dann denkt sie an Schlittenfahrten und Schneeballschlachten, an die Ferienreise zur Ostsee, an ihr Tagebuch und die vielen, vielen Geheimnisse von damals. Sie sieht dann plötzlich ihre Freundin wieder, die mit den zwei fehlenden Zähnen und dem Pferdeschwanz, mit der sie damals jeden Tag zusammen war. Einmal lag sie sogar drei Wochen mit ihr in einem Krankenhauszimmer, weil sie irgendeine ansteckende Krankheit hatten. In diesen drei Wochen mussten sie nicht zur Schule gehen, nichts tat ihnen weh, alle umsorgten sie von früh bis spät, und sie konnten ungestraft die größten Dummheiten anstellen. Diese drei Wochen im Krankenhaus waren für sie die schönste Zeit ihres Lebens, und wenn meine Frau Grießklößchen isst, dann ist es so, als sei sie wieder mit ihrer Freundin zusammen im Krankenhaus.

Für einen Freund von mir ist dieses besondere Essen eine Hühnersuppe, die ihm seine Oma kochte, wann immer er sie besuchte. So eine Hühnersuppe findest du heute nirgends mehr, behauptet er, aber vielleicht vermisst er auch nur seine Großmutter, die ihn wie einen Prinzen behandelte.

Für einen anderen ist es eine Wacholdersuppe oder dicke, mit Apfelstücken gefüllte Eierkuchen, Blaubeercreme oder Palatschinken, Obstknödel oder Baklava.

Bei einem anderen kommen die Erinnerungen, wenn ihm ein ganz besonderer Sandkuchen angeboten wird, ein kleiner Kuchen, nicht größer als eine Muschel. Mit dem Geschmack kommen für ihn dann Bilder und Klänge wieder, der Geruch und Geschmack längst vergangener Tage.

Für einen alten Schulfreund ist dieses Essen ein riesiges Schnitzel, das über den Tellerrand ragt. Dann erinnert er sich an die Zeit, in der er noch bei Mama und Papa lebte. Damals waren sie sehr arm, und es gab bei ihnen nie ein Stück Fleisch zu essen, nicht in der Woche, nicht am Sonntag.

Bei einer Freundin muss es unbedingt eine Zitrone sein. Eine möglichst frisch gepflückte Zitrone, groß, saftig, duftend. Sie isst die Zitrone nicht, sie hält sich die gelbe Frucht nur unter die Nase und schnuppert daran. Und dann wird die Welt für sie hell, und ihr wird ganz warm und sie ist glücklich.

Für meinen Sohn war es Hoppelpoppel. Wenn wir am Wochenende aufs Land fuhren, war er erleichtert, denn dann gehörte die Wohnung ihm allein. Er konnte tun und vor allem lassen, was er wollte. Keiner ermahnte ihn, niemand störte und belästigte ihn. Und zu Mittag gab es Hoppelpoppel. Das ist ein seltsames Essen. Das Rezept hat er selbst erfunden, und er hat dem Gericht auch den Namen gegeben: Hoppelpoppel. Zuerst kam bei ihm ein großes Stück Butter in die Pfanne, und dann schnippelte er nacheinander hinein, was er in der Speisekammer und dem Kühlschrank vorfand. Kartoffeln, Eier, Gemüse, Fleisch, Wurst, Käse, Äpfel und Ananas. Dann Pfeffer, Salz und Ketchup und sicher noch ein paar Prisen aus der einen Schachtel und einen Teelöffel aus einem anderen Glas. Das war sein geliebtes Hoppelpoppel. Ich habe es einmal bei ihm kosten dürfen, es war scheußlich. Aber für ihn schmeckte es nach ungestörtem Alleinsein und nach dem Glück, eine ganze Wohnung endlich für sich allein zu haben. Es war der Geschmack der Freiheit, weswegen ihm sein Hoppelpoppel gefiel.

Heute ist er erwachsen. Er ist verheiratet, hat Kinder, und man muss ihn mit Herr Professor ansprechen. Aber ich bin sicher, wenn seine Familie einmal verreist und er ganz allein in der Wohnung ist, dann stellt er sich mittags in die Küche und macht sich Hoppelpoppel.

5 GESCHWISTER

Geschwister zu haben, das ist so, als ob man jeden Tag in den Zirkus geht. Oder in einem Zirkus daheim ist.

Es ist spannend und aufregend, es kann zauberhaft sein und ist manchmal wirklich gefährlich. So ein Bruder oder eine Schwester, die können dich wie ein Clown zum Lachen bringen oder wie ein Artist durch die Luft wirbeln. Die können richtige Kunststücke vorführen oder zaubern. Manchmal glauben sie allerdings, sie seien der Dompteur, der immer alles bestimmen muss und bei dem man nur machen darf, was sie sagen.

Geschwister, die können dir viel Spaß machen. Und so laut wie eine richtige Zirkuskapelle sind Geschwister allemal. Aber manchmal hat man von dem ganzen Zirkus genug und möchte einfach nur davonlaufen.

Auf dem Schulhof ist es schön, wenn irgendwo der große Bruder mit seinen Freunden steht. Man sollte nicht zu ihm hingehen, denn das kann er überhaupt nicht leiden, aber wenn er da ist, fühlt man sich sicherer.

Bei den Hausaufgaben und beim Klavierüben können ein Bruder oder eine Schwester sehr hilfreich sein. Wenn dir eine Aufgabe unlösbar erscheint, dann hilft es, wenn sie einen Blick darauf werfen und dir sagen können, dass man sie lösen kann, und zwar sehr leicht. Vielleicht geben sie dir auch noch einen kleinen Hinweis und zeigen dir etwas, was du übersehen hast.

Schön ist auch, dass die Geschwister einen Haufen Spielsachen haben und andere als du. Die kann man sich dann mit ihrer Erlaubnis ausborgen. Oder, wenn sie nicht in der Wohnung sind, auch mal, ohne sie zu fragen.

Wer Geschwister hat, hat immer einen Spielkameraden. Das ist zu jeder Zeit gut, aber besonders, wenn man krank ist und keiner der Freunde einen besuchen darf. Oder am Abend, wenn die Eltern ausgehen wollen und dich mutterseelenallein lassen. Dann sind zum Glück die Geschwister da. Oder wenigstens ein Bruder oder eine Schwester.

Für den Familienrat ist es auch gut, Geschwister zu haben. Wenn etwas zu entscheiden ist, so wollen Mama und Papa eigentlich immer dasselbe. Wahrscheinlich sprechen sie sich heimlich miteinander ab. Wenn man keine Geschwister hat, steht es dann zwei zu eins, und man muss sich fügen. Mit einem Bruder stünde es zwei zu zwei, und dann können deine Eltern nicht mehr so leicht ihren Willen durchsetzen. Und wenn du mehrere Geschwister hast, dann steht es zwei zu drei oder vielleicht zwei zu vier, und ihr könnt dann bestimmen, was gemacht wird. Ich habe fünf Geschwister, da stand es damals häufig zwei zu sechs. Das waren schwere Zeiten für unsere Eltern, sie hatten wenig Chancen, sich gegen uns durchzusetzen.

Und dann gibt es noch eine schöne Sache. Eltern nerven ein wenig, weil sie alles wissen und alles besser wissen. Wenn du aber eine Schwester oder einen Bruder hast, dann kannst du ihnen mal etwas erklären. Dann kannst du ihnen etwas erzählen, was sie noch nicht wissen. Und das ist gut, das ist ein schönes Gefühl. Man ist dann ganz wichtig. Und du spürst, die kleine Schwester, der jüngere Bruder haben großen Respekt vor dir, auch wenn sie nicht einmal Danke sagen.

Klar, es gibt auch dumme Tage, an denen sie einen ärgern

oder auf den Wecker fallen und man sie zum Teufel wünscht. Aber das geht vorbei.

Und wenn du ganz großes Glück hast, dann bleibt dein Bruder lebenslang dein Bruder. Dann ist deine jüngere oder ältere Schwester für immer deine Kameradin. Sie wissen alles von dir, und darum kannst du ihnen alles erzählen, auch die dümmsten und peinlichsten Sachen, die man als Erwachsener eigentlich keinem erzählen kann. Sie werden dir helfen, aus dem Schlamassel herauszukommen. So wie damals, also du noch klein warst.

6 MUSIK MACHEN

Um es gleich zu gestehen: Musik ist für mich ein Wunder, das ich nie ganz begriffen habe.

Warum hören wir Musik?

Wieso können wir dieselben Lieder und Stücke immer wieder anhören, ohne uns zu langweilen?

Was haben wir eigentlich von der Musik? Es sind ein paar Töne, die uns gefallen, die im Ohr bleiben, und das ist schon alles, oder?

Und dennoch bekommen wir nie genug davon.

Und wie begann das alles? Ich denke, zuerst haben unsere Vorfahren vor Tausenden von Jahren mit dem Gesang begonnen. Sie bemerkten, dass ihre Stimme ein Instrument ist, mit dem man mehr kann als nur Worte sprechen. Sie entdeckten den Takt und den Rhythmus. Vielleicht war es das Schlagen ihres eigenen Herzens, das sie spüren und fühlen konnten und das für sie die allererste Musik war.

Sie lernten ihre Stimme so zu gebrauchen, dass Melodien entstanden. Sie spannten die Felle und Därme der Tiere, sodass sie mit ihrer Hilfe Töne erzeugen konnten. Hohlkörper aus Holz und Knochen lernten sie zu nutzen, um Klänge zu produzieren.

Immer wieder verbesserten sie diese Instrumente, bis sie schließlich ein Klavier und eine Geige, eine Flöte und eine Trompete bauen konnten. Und sie erfanden wundersame Melodien, die zu hören sie nicht müde wurden. Die Musik stillte nicht ihren Hunger, aber sie erheiterte sie und machte sie freundlich. Wenn sie nun unglücklich und verzweifelt waren, so vermochte ihre Musik sie zu trösten und ihnen neue Kraft zu geben.

Schöner noch, als Musik zu hören, ist es, sie selber zu machen. Wenn du die Möglichkeit hast, ein Instrument zu erlernen, dann wirst du das bald erfahren. Und Instrumente, um Musik zu machen, gibt es überall. Mit Hölzern kann man unterschiedlichste Töne erzeugen, ganz besonders wenn sie hohl sind. Auch mit Faden oder einer Sehne, die man spannt. Papier kann Musik hervorbringen. Auf alten Kartons kann man trommeln. Mit jedem Karton kannst du drei, vier verschiedene Töne hervorbringen, und mit einer Sammlung von dreißig Kartons kannst du so viele Töne produzieren wie mit einem Klavier. Du musst nur etwas mehr herumrennen.

Oder geh in die Küche, dort findest du eine riesige Sammlung von Instrumenten. Die Gläser und Flaschen und das Besteck, die Teller, Krüge und Vasen, alles lässt sich zum Klingen bringen.

Wenn du zehn oder zwanzig leere Flaschen hast, kannst du damit ein Glasklavier herstellen. Du musst etwas Wasser in die Flaschen füllen, in die eine mehr, in die andere weniger. Jeder Schluck Wasser verändert den Ton, den die Flasche von sich gibt, wenn du sie mit einem Löffel leicht anschlägst. Du kannst dort eine Geschirrsinfonie oder eine Küchenoper aufführen. Und wenn du dazu noch deine Stimme erklingen lässt, wenn du laut dazu singst, kannst du dort ein richtiges Konzert geben.

Wenn du mich einlädst, komme ich zu dir und höre mir deine Musik an. Denn ich bekomme nie genug von Musik.

7 EIN BETT

Ein Bett ist etwas sehr Schönes, sofern es alles enthält, was hineingehört. Anderenfalls ist es eine ziemlich langweilige Angelegenheit, öde und ermüdend. Zum Einschlafen sozusagen.

Was unbedingt in ein Bett gehört:

Eine Taschenlampe. Denn wie willst du dich sonst im Dunkeln zurechtfinden?

Etwas Knäckebrot. Falls du nachts Hunger bekommst. Außerdem sind Knäckebrotkrümel sehr dauerhaft. Sie krallen sich im Bett fest, und du hast noch wochenlang etwas zum Knabbern.

Dein Tagebuch. Denn nachts passieren die unglaublichsten Abenteuer, die du unbedingt aufschreiben willst.

Eine Mohrrübe. Wenn du auf ihr zu liegen kommst, bleibt sie in der Form und matscht nicht so wie eine Banane.

Dein Teddybär Butz. Oder deine Gummischlange. Oder dein Schmusekissen. Oder deine Lieblingspuppe Moni. Denn ohne sie kann kein Mensch einschlafen.

Eine Trinkflasche. Falls du vom Meer träumst, von Sonne und Strand und auf einmal Durst bekommst.

Dein kleines Geheimnis. Jenes Geheimnis, von dem du noch nie jemandem erzählt hast. Nur deinem besten Freund.

Und eine Bettdecke. Um am Morgen die Taschenlampe, das Knäckebrot, dein Tagebuch, die Puppe, die Plastikflasche und dein kleines Geheimnis gut zuzudecken.

Und vergiss nicht: Die Bettdecke musst du unbedingt straff und schön glatt ziehen, damit Mama und Papa nicht Verdacht schöpfen und nachschauen wollen.

8 EINE TANTE MAGDALENA

Sie hatte immer Zeit für mich. Wann immer ich wollte, konnte ich zu ihr gehen. Ich machte die Schularbeiten bei ihr, und wir spielten ihre alten Brettspiele, Mensch-ärgere-dich-nicht und Mühle oder Karten.

Meine Eltern hatten dafür keine Zeit, jedenfalls nicht jeden Tag, allenfalls am Sonntag mal. Und mit meinen Geschwistern konnte man zwar spielen, aber sie ließen einen nicht jedes Mal gewinnen wie Tante Magdalena.

Außerdem hatte sie eine fabelhafte Regel eingeführt. Nach jeder erledigten Schulaufgabe gab es ein Spiel. Da machten selbst die Arbeiten für die ungeliebten Fächer Spaß, denn ich wusste, gleich setzen wir uns wieder an das Brett. Und ich wusste, ich würde gewinnen.

Dass mich die Tante absichtlich gewinnen ließ, habe ich damals nicht gemerkt. Das ließ sie sich nicht anmerken. Wenn sie verloren hatte, schrie sie vor Schreck auf, und dann lachte sie über sich und ihr Pech. Damals glaubte ich wirklich, dass ich immer richtig gewinne und ich besser sei als sie.

Aber dass ich bei ihr immer gewann, war nicht der Grund, weshalb ich fast jeden Tag ein paar Stunden bei ihr war. Viel wichtiger war, dass sie Zeit für mich hatte. Und dass ich mit ihr ein paar Dinge bereden konnte, die ich unmöglich mit den Eltern besprechen konnte und auch nicht mit einem meiner Geschwister.

Ihr wisst das selbst, es gibt manchmal schwierige Geschichten, verfahrene Kisten sozusagen, von denen Mama und Papa möglichst nichts mitbekommen sollten, weil sie sich sonst nur aufregen und noch mehr Trubel machen. Und die kann man auch nicht mit seinen Geschwistern oder dem Freund klären. Da braucht man eben einen Erwachsenen, dem man restlos vertrauen kann und der keinem anderen etwas davon verrät. Das kann ein Onkel oder eine Tante sein oder deine Großeltern, bei denen man sicher ist, dass sie nicht gleich zu den Eltern rasen und ihnen alles brühwarm erzählen. Oder ein Freund der Familie, zu dem man Vertrauen hat. Auf den man sich verlassen kann. Immer. Auch bei den schwierigsten Geschichten.

Du merkst es schon daran, wie er dir zuhört. Ob er sich wirklich mit deinem Problem beschäftigt oder mit seinen Gedanken ganz woanders ist. Und wenn er nicht gleich oberschlau eine Lösung vorschlägt, sondern erst überlegt, ein paar Minuten oder auch einen ganzen Tag. Wer nicht zuhören kann, der hat nämlich für alles sofort eine Lösung parat, auch wenn die nichts taugt und den Schlamassel nur vergrößert.

Und so ein Zuhörer-Mensch, der hilft dir auch mal mit einem etwas schiefen Ding, mit etwas, was deine Eltern nie im Leben machen würden. Der schreibt dir mal eine Entschuldigung, wenn er merkt, dass sie notwendig ist, auch wenn alles nicht so genau stimmt. Oder er greift für dich mal zu einer Notlüge, was er nie machen würde, wenn er nicht wüsste, dass sie dieses eine Mal eine Not abwenden kann.

Ich hoffe für dich, dass du so einen Menschen hast. Einen, mit dem du Pferde stehlen kannst. Auch wenn ich nicht genau weiß, was du dann mit dem Pferd anfangen sollst.

9 GESCHICHTEN

Hast du das auch schon bemerkt? Alle wollen immerzu Geschichten hören oder lesen. Die ganz Kleinen genauso wie die Großen. Die Kleinen wollen immer wieder etwas vorgelesen bekommen, von den Eltern oder von dir, und sie sind auch zufrieden, wenn es eine Geschichte ist, die sie schon tausendmal gehört haben und die sie eigentlich auswendig kennen. Das sind Märchen oder Abenteuererzählungen, Wahres oder Erfundenes. Es kann auch eine Geschichte sein, die du dir eben hast einfallen lassen. Hauptsache ist nur, es ist eine Geschichte mit einem vielversprechenden Anfang, einer spannenden Mitte und einem richtigen Schluss.

Und bei den Erwachsenen ist das nicht anders. Sie kaufen sich Zeitungen und Bücher, um Geschichten zu lesen. Manche davon sind wahr, andere erstunken und erlogen. Das ist den Erwachsenen egal, die Geschichte muss nur gut erzählt sein.

Und ins Kino gehen Kinder und Erwachsene auch wegen der Geschichten, die dort erzählt werden. Die Kinogeschichten sind fast allesamt nicht wahr. Sie sind bunt und übermütig, fantastisch und märchenhaft. Für zwei Stunden unterhält man sich prächtig, aber jeder weiß, diese Geschichten gibt es nur im Kino. Denn kein Mensch kann auf einem Rentier durch die Luft fliegen oder wirklich jemanden so verzaubern, dass man ihn nicht mehr erkennt.

Aber warum hören wir diese erfundenen Geschichten so gern? Warum können uns Märchen und die unglaublichsten Geschichten so in den Bann ziehen, dass wir tagelang die Erzählung eines Jungen lesen, der angeblich zaubern kann?

Warum brauchen wir diese Lügen? Was gefällt uns daran so sehr, dass wir alle nie genug davon bekommen, die Kleinen wie die Großen? Warum wollen wir alle diese Geschichten hören und lesen, obwohl man eigentlich nichts dabei lernt, denn sie sind ja nicht wahr. Es ist ein Zeitvertreib. Man liest sie oder hört und schaut sie sich an, um sich nicht zu langweilen. Man erlebt eine spannende Geschichte, bei der man kaum das Ende erwarten kann. Die Zeit vergeht wie im Flug, und man hat sich keine Sekunde gelangweilt.

Aber das erklärt noch nicht viel, denn um Zeit zu vertreiben, könnte man auch Tischtennis spielen oder schwimmen, sich mit Freunden treffen oder etwas Nützliches machen. Einen Kuchen backen. Oder Vokabeln lernen. Oder das Türschloss reparieren.

Ich glaube, dass wir in Wahrheit diese Geschichten so gernhaben, weil sie uns etwas erzählen, was wir nicht wissen und was trotzdem nur von uns handelt. Selbst wenn sie völlig unglaubwürdig sind und falsch und schief wie die alte Gartenlaube im Schlosspark. Wir lesen und hören etwas von dem, was wir sind. Oder uns wünschen. Von dem wir träumen. Von dem, was wir lieben.

Wenn eine Geschichte uns etwas erzählt, was uns ganz fremd ist und mit dem wir nichts zu tun haben, dann langweilt sie uns. Dann wollen wir sie gar nicht zu Ende lesen. Aber wenn sie von uns und unserem Leben und unseren Träumen handelt, dann kann sie in Afrika spielen oder auf dem Mond, in einem Zauberreich oder in einem längst vergangenen Jahrhundert, dann ist es unsere Geschichte, die wir gern lesen und bei der wir atemlos auf das Ende warten.

Wenn dir jemand seine Lieblingsbücher aufzählt und die Filme nennt, die er besonders liebt, dann weißt du etwas mehr über ihn, kennst ihn besser. Denn die Bücher und Filme verraten das von ihm, wovon er dir sonst nie etwas verraten hat.

Und die Geschichten, die du liebst, erzählen etwas von dir. Du liebst sie, weil sie von dem erzählen, was du bist oder gern wärst. Wovon du träumst. Was du dir wünschst. Was du einmal werden wirst. Die Figuren in diesen Geschichten, die Menschen und Helden und Ritter und Feen und Zauberer, gibt es in der Wirklichkeit nicht. Aber in deiner Welt. Da leben sie mit dir. Sie können sogar mit dir sprechen. Es sind Freunde von dir.

10 ETWAS WEICHES

Irgendetwas zum Kuscheln sollte jeder haben. Etwas Weiches, Flauschiges, Puscheliges, Duftendes, Warmes, Flaumiges, Wolliges, Zärtliches.

Etwas zum Streicheln, wenn du ganz allein bist und deine Mama nicht erreichbar ist. Oder wenn du dich mit ihr verzankt hast und dich einsam fühlst oder getröstet werden musst.

Alle Menschen kuscheln gern. Auch die Erwachsenen, auch Mama und Papa. Und warum? Vielleicht erinnert uns das Kuscheln an eine Zeit, die wir alle einmal erlebt haben, aber an die sich keiner von uns erinnern kann. An eine Zeit, in der es uns gut ging und wir uns besonders geborgen fühlten. An die Zeit, in der wir winzig klein in Mamas Bauch lebten, geborgen, geschützt, umsorgt. Vielleicht ist Kuscheln so schön, weil wir uns dann so geborgen und geschützt fühlen wie damals.

Eine Puppe oder ein Teddy, eine kleine Decke oder ein Heizkissen oder eine Katze sind dafür wunderbar geeignet. Man kann seinen Kopf darauflegen und traurig sein und sich wundervoll geborgen fühlen. Und zum Einschlafen braucht man es auch.

Fische und Kanarienvögel und Meerschweinchen sind auch schön, aber zum Kuscheln überhaupt nicht zu gebrauchen. Ein kleiner Bruder, eine kleine Schwester wären zwar geeignet, aber die haben ihren eigenen Kopf und wollen nur dann kuscheln, wenn es ihnen passt und sie nichts Besseres zu tun haben.

Was immer du zum Kuscheln hast, gib ihm einen Namen. Wenn etwas einen Namen hat, hat man gleich eine ganz andere Beziehung dazu. Dann kannst du sagen: Ich suche meinen Fritz. Oder: Wo ist denn nur Sabinchen?

Das hört sich besser an, als wenn du sagst: Wo ist denn meine Schmusedecke?

Ach, und noch etwas muss ich dir sagen. Vielleicht hast du Freunde, die das dumm und lächerlich finden, wenn du etwas zum Schmusen hast, und die dich deswegen verspotten.

Das sind Dummheiten, und ich würde wetten, die haben selbst etwas zum Schmusen daheim. Sie reden nur nicht darüber, weil ihnen das peinlich ist und weil sie gern erwachsen wirken wollen.

Überhaupt, dass etwas peinlich sein soll, das ist noch so eine Dummheit. Es gibt Mitschüler, denen immerzu alles Mögliche peinlich ist. Oder die bei den anderen fortwährend Sachen entdecken, von denen sie behaupten, das sei peinlich.

Wenn etwas schön ist und gebraucht wird, wie kann es da peinlich sein?

Und so ist es auch mit dem Kuscheln.

11 ENTDECKUNGEN UND ERFINDUNGEN

Hast du schon einmal daran gedacht, etwas zu erfinden? Etwas ganz Neues, was es noch nie gab? Oder etwas zu entdecken, was vor dir noch nie jemand gesehen hat? So wie die berühmten Erfinder und Entdecker, von denen du in der Schule gehört oder über die du in deinen Büchern gelesen hast?

Die Welt steckt noch immer voller Geheimnisse. Wir wissen noch immer nicht alles, und auch für dich gibt es genug zu entdecken oder zu erfinden. Und damit meine ich nicht nur Kleinigkeiten wie einen beheizbaren Eierbecher, den keiner braucht. Oder einen Kühlschrank, der auf einem Display anzeigt, wenn das Verfallsdatum vom Joghurt überschritten, die Butter alle ist oder nur noch ein einziges Ei im Fach liegt.

Nein, ich meine so etwas wie die Erfindung der Dampfmaschine, die die Welt veränderte und den Menschen wirklich half. Oder die Entdeckung von Amerika, und ich spreche von der richtigen Entdeckung, die nicht durch Kolumbus erfolgte. Er entdeckte lediglich die Entdecker Amerikas und nannte sie Indianer. Diese Leute waren Jahrhunderte vor Kolumbus an der Küste dieses Kontinents angekommen und hatten das Land besiedelt.

Ich spreche von Entdeckungen, die der Welt nützen und sie schützen. Die unsere Welt und unsere Umwelt retten können.

Eine Umwelt gibt es noch nicht lange. Erst hundert Jahre ungefähr. Früher mussten die Menschen ohne eine Umwelt auskommen, sie hatten damals nur die Welt.

Das ist die reine Wahrheit. Das Wort Umwelt wurde erst vor

Kurzem erfunden. Eigentlich ist es unsinnig und überflüssig, denn damit ist natürlich unsere Welt gemeint. Oder das kleine Stück von der Welt, das wir kennen und bewohnen, also das uns umgebende Land.

Wissenschaftler erfanden dieses Wort, um den Menschen klarzumachen, dass man die Welt schützen muss. Da keiner die ganze Welt schützen kann, soll sich jeder für seine kleine Welt verantwortlich fühlen. Für die Bäume und Wälder, für die Tiere, die Luft, das Wasser. Für unsere Umgebung. Für den kleinen, den winzigen Teil der Welt, den du täglich siehst und benutzt. Für deinen Schulweg, für den Stadtpark, für die Bäume in deiner Straße.

Die Menschheit hat nämlich ein Problem. Ein Problem, das für uns tödlich werden kann.

Seit Jahrtausenden leben Menschen auf der Erde. Sie haben im Lauf der Jahrhunderte viel gelernt. Sie haben das Feuer gebändigt, vor dem sie zuvor nur fliehen konnten. Sie haben aus wilden Tieren Haustiere gemacht, die mit uns wohnen und uns ernähren. Sie verstanden Häuser zu bauen und Schätze aus dem Inneren der Erde auszugraben und für sich zu nutzen. Sie erfanden Werkzeuge, lernten die Meere zu befahren, den Wasserdampf und die Elektrizität zu gebrauchen und Eisenbahnen, Autos und Flugzeuge zu bauen. Und noch immer erfinden Menschen nützliche Dinge, ohne die wir nicht mehr leben wollen.

Aber für all diese wundervollen Entdeckungen und Entwicklungen benötigen wir die Rohstoffe unserer Erde. Wir beuten unsere Erde aus, um gut auf ihr leben zu können. Doch die Bodenschätze sind nicht unendlich, das Vorkommen mancher Mineralien neigt sich dem Ende entgegen. Einige Tierarten sind in ihrem Bestand gefährdet, da zu viele Tiere gefangen wurden, um uns zu ernähren. Die Weltmeere und Flüsse werden täglich von unseren Abfällen verschmutzt. Auch die Atmosphäre ist gefährdet und die für unser Leben dringend notwendige Ozonschicht um den Erdball. Durch unsere Arbeit und unseren Lebensstil droht eine Erwärmung des Klimas, die das Überleben der Menschen unmöglich machen kann.

Wir wissen bereits, wir müssten mit der Erde anders umgehen, ganz anders, wenn auch künftig Menschen auf ihr leben wollen, meine und deine Urenkel. Wir müssten uns bescheidener einrichten, aber das will keiner. Keiner von uns will auf etwas verzichten, jeder möchte so viel, wie er nur bekommen kann. Das ist zwar verständlich, aber für die Erde und die Menschheit kreuzgefährlich.

Die Menschheit hat die Erde jahrhundertelang mit Kriegen verwüstet. Jetzt ruinieren wir sie mit unserem Anspruch auf ein luxuriöses Leben. Jeder von uns, auch du und ich. Wir wollen uns nicht einschränken, wir wollen genießen, jedes Jahr etwas mehr und etwas besser.

Das ist nicht vernünftig, es ist die pure Unvernunft. Es ist selbstmörderisch. Doch keiner weiß, wie man diesen verhängnisvollen Kreislauf durchbrechen und stoppen könnte. Auch die Regierungen auf der ganzen Welt sind dazu unfähig. Auch sie wollen nicht zur Vernunft kommen, sondern für sich und ihr Land immer mehr und mehr von den Schätzen der Welt haben.

Unsere Erde ist im Weltall nur ein winziger Planet. Wir haben sie verschönert und bereichert, doch nun sind wir dabei, sie zu vernichten, sie aufzufressen. Wir brauchen klares Wasser und eine saubere Luft, damit wir nicht sterben, und dennoch vergiften wir ständig das Wasser der Meere und Flüsse und verpesten unsere Atemluft.

Wir wollen immer mehr haben, und unsere Gier vertilgt den kleinen blauen Planeten Erde, sodass möglicherweise in einer nicht allzu fernen Zukunft kein Mensch mehr auf ihr leben kann.

Aber wir brauchen die Welt und unsere Umwelt, mehr als alles andere. Doch dazu müssten wir etwas ändern, das wissen alle. Wir müssten uns verändern. Aber wie?

Gebraucht wird eine großartige Idee, eine Entdeckung, die unsere Erde rettet. Bisher hat keiner der Menschen sie gefunden, und die Gefahr der Selbstzerstörung der Menschheit wächst Tag für Tag.

Denk mal darüber nach. Vielleicht entdeckst du etwas, was die Welt und die Umwelt rettet. Vielleicht findest du die Lösung. Sie wird dringend gebraucht. Irgendwo wird es sie geben, und du bist doch nicht auf den Kopf gefallen.

12 EIN ZIMMER

Ich hoffe, du hast ein eigenes Zimmer. Ein Zimmer für dich allein.

Oder eins, das du mit deinem Bruder oder deiner Schwester teilst. Aber am besten ist es, du hast eins ganz für dich allein. Denn wenn man kein eigenes Zimmer hat, sondern mit Geschwistern oder gar mit der ganzen Familie in einem Raum leben muss, kann man nie allein sein. Und das braucht man manchmal. Es ist schön, mit anderen zusammen zu sein, aber wenn man ernsthaft etwas durchdenken will oder eine wichtige Entscheidung zu treffen hat, dann ist es hilfreich, wenn man sich mal in sein Zimmer zurückziehen kann, um allein zu sein.

Ein paar Stunden ganz für sich allein. Um zu sich zu kommen. Um sich etwas auszudenken. Um zu träumen. Um ein Rätsel zu lösen. Um etwas zu erfinden. Um einen Brief zu schreiben. Um traurig zu sein. Um zu lesen. Um auszuruhen. Um zu lernen. Um zu malen. Um ein Gedicht zu schreiben. Um einen Schokoladenkeks zu essen. Um an etwas Schönes zu denken. Um in die Luft zu starren. Um ein kaputtes Radio zu reparieren. Um allein zu sein.

Das eigene Zimmer kannst du dir einrichten, wie du es willst. Du hängst dir Bilder und Plakate an die Wand, die du jeden Tag sehen willst, gleich nach dem Aufwachen. Oder die Eintrittskarte von dem tollen Konzert, auf die du dir ein Autogramm hast geben lassen. Und die kleine rote Rose, die schon ganz vertrocknet ist, aber die dir jemand geschenkt hat, den du gern hast. Den du mehr als nur gern hast, aber das weißt nur du.

Im eigenen Zimmer ist alles versammelt, was dir wichtig ist, damit du es jederzeit zur Hand hast. Sogar der alte Teddy, ohne den du vor Jahren nicht einschlafen konntest. Heute nimmst du ihn überhaupt nicht mehr in die Hand, aber er hat einen Ehrenplatz ganz oben im Regal. Den hat er sich verdient.

Und dann gibt es in deinem Zimmer die geheimen Verstecke, wo all das sicher verwahrt wird, was keiner, aber auch wirklich keiner sehen soll. Es gibt die einfachen Geheimfächer, Sicherheitsstufe eins sozusagen, wo die nicht ganz so geheimen Dinge ihren Platz finden. Hinter der Buchreihe beispielsweise. Oder hinter dem Kleiderschrank.

Dann gibt es die Geheimfächer der zweiten Stufe, da müsste jemand schon einen ganzen Tag dein Zimmer durchsuchen, ehe er sie entdeckt.

Und schließlich gibt es die der dritten Stufe, die ganz geheimen Geheimfächer. Das sind die, die nie einer finden wird.

Mein geheimstes Geheimfach war hinter der Schreibtischschublade. Die Schublade war nicht ganz so tief wie der Schreibtisch. Hinter der geschlossenen Schublade gab es also noch einen Hohlraum, in dem ich das Allergeheimste verstecken konnte. Man konnte das ganze Zimmer auf den Kopf stellen, alle Fächer durchwühlen und Schubladen herausziehen, es blieb verborgen. Und wenn einer die Schreibtischschublade herausgezogen und dann in das leere Fach geschaut hätte, er hätte nichts sehen können, denn da drinnen war alles finster.

Ein eigenes Zimmer ist die kleine Welt, die man braucht, um mit der großen Welt zurechtzukommen. Selbst wenn das Zimmer völlig unaufgeräumt ist und jeder nur aufstöhnt, wenn er einen Blick hineinwirft, in dieser Unordnung bist du daheim. Dort findest du die Ruhe, um den Weg zu erkunden, wie es in der anderen Welt zu schaffen ist. Das Zimmer kann klein sein, winzig, aber es ist deins.

13 EIN SCHÖNES KLEID

Ein besonders schönes Kleid braucht jedes Mädchen. Mama hat ja auch ein Kleid, das sie nur trägt, wenn es um etwas Wichtiges geht, um eine Feier oder einen Auftritt vor vielen Leuten.

Ein besonderer Anlass braucht ein besonderes Kleid. An solchen Tagen kann man nicht mit den Plünnen rumlaufen, die man sonst anzieht. Da braucht es schon etwas Außergewöhnliches. Es kann ruhig auffällig sein, so ein Kleid darf man nicht verstecken. Und wenn es schmutzempfindlich ist, ist das an einem solchen Tag egal. Wichtig ist nur, dass man sich in ihm wohlfühlt. Und dass die Freundinnen es sehen. Und zwar alle. Und dass sie noch am nächsten Tag darüber reden. Oder vielleicht die ganze Woche.

In einem so besonderen Kleid bewegt man sich anders. Wie eine Prinzessin. Und das sehen die anderen auch. Sie lassen dich nicht einen Augenblick aus dem Auge. Und das ist nicht unangenehm.

Ich habe dich einmal mit deinem schönen Kleid gesehen. Das war in einer Gaststätte, und du warst mit deinen Eltern da und mit noch zwei Leuten. Ich habe an einem Nachbartisch gesessen, du hast mich gar nicht bemerkt. Aber dann bist du aufgestanden, um zur Toilette zu gehen. Als du mit deinem tollen, wunderschönen Kleid durch die Gaststätte gegangen bist, haben alle zu dir geschaut und dich bewundert. Und dann haben alle gewartet, bis du zurückkommst, ich auch. Um dich noch einmal in diesem schönen Kleid zu sehen.

Jungen brauchen natürlich kein Kleid, aber auch sie haben

Sachen für solche besonderen Tage. Eine Jacke, die ihnen gut steht. Eine Hose, in der man sich bewegen kann, als spiele man in einem Film mit. Ein T-Shirt mit einem Logo, das kein anderer hat und das jedem ins Auge sticht.

Aber es gibt einen Unterschied zwischen Jungen und Mädchen, zwischen einem besonders schönen Kleid und der tollen Kleidung der Jungen. Die Mädchen hängen am Tag danach das schöne Kleid sorgfältig in den Schrank zurück, um es für den nächsten ganz besonderen Tag aufzuheben und zu schonen. Die Jungen sind jedoch nicht bereit, am nächsten Morgen etwas anderes anzuziehen. Sie fanden sich in den Klamotten vom Vortag einfach klasse und verstehen überhaupt nicht, weshalb sie nicht jeden Tag damit herumlaufen dürfen.

Doch so ein schönes Kleid darf man nicht täglich anziehen. Dann ist es ja nichts Besonderes mehr. Weihnachten und Geburtstag sind schließlich auch deswegen besonders schön, weil es diese Tage nur einmal im Jahr gibt.

Und außerdem kann es sein, dass dich deine Freundinnen fragen: »Wann ziehst du denn wieder mal dein schönes Kleid an?«

Und das ist eine der Fragen, die man nicht oft genug hören kann.

14 GEBURTSTAGE

Der eigene Geburtstag ist natürlich der schönste Geburtstag. Da hat man sich schon wochenlang darauf gefreut. Man hofft, dass es die richtigen Geschenke gibt und die Eltern im Laden nicht das falsche Spiel ausgesucht haben. Manchmal bekommst du auch noch etwas Unerwartetes. Ein Geschenk, von dem du überhaupt nichts wusstest, da du es in den Tagen zuvor nicht entdecktest, obwohl du die Wohnung gründlich durchsucht hast.

Waren die Geschenke in Ordnung, bist du mehr als zufrieden, und wenn am Nachmittag alle eingeladenen Freunde kommen, wird das ein tolles Fest.

Schön ist es auch, wenn deine Freundin Geburtstag hat. Sie hat dich eingeladen, und du hoffst, dass dein Geschenk sie beeindruckt. Vielleicht sagt sie sogar: »Toll, das ist einsame Spitze.« Dann spielt ihr zusammen, die alten Spiele und das neue, und ihre Eltern bringen Kuchen und Kakao, und es gibt für alle etwas zu gewinnen.

Diese Geburtstage sind schöne Tage. Die könnte man jeden Tag feiern.

Es gibt aber Geburtstage, die einem schwer auf der Seele lasten. Geburtstage, an denen es einem schlecht geht. Ich spreche von den Geburtstagen der Geschwister.

Der schwere Tag beginnt damit, dass dein Bruder morgens seine Geschenke bekommt. Da sind immer Sachen dabei, von denen du geträumt hast. Und auf den ersten Blick siehst du, dein Bruder bekommt mehr als du an deinem letzten Geburtstag. Und das Schlimmste an dem Tag ist, dass du weißt, auf deinen nächsten Geburtstag musst du noch ewig lange warten.

Aber wenn du diesen dummen Tag überstanden hast, dann kommt als Nächstes dein Geburtstag, und dein Bruder muss nun ein ganzes Jahr lang warten.

Es gibt Länder, da feiert man nicht den Geburtstag, sondern den Namenstag, also den Tag des Namenspatrons, und man bekommt an diesem Tag die Geschenke.

Ob es auch Länder gibt, wo du sowohl deinen Geburtstag als auch deinen Namenstag feiern kannst?

15 EIN FAHRRAD

Von allen Erfindungen der Menschheit ist das Fahrrad die genialste. Das ist meine Meinung.

Wenn man erst mal ein Fahrrad hat, dann kostet es nichts, wenn man es benutzt, nur etwas Muskelkraft. Fahrradfahren zu lernen ist einfach. Es ist schnell, sportlich, elegant und leicht zu reparieren. Ein Drahtesel ist außerdem ein prima Transportmittel und gut für die Gesundheit. Und mit einem Fahrrad schädigt man nicht die Umwelt.

In den verstopften großen Städten ist man mit einem Fahrrad schneller als mit einem Auto unterwegs. Und man muss nicht ewig nach einem Parkplatz suchen.

Ein neues Fahrrad kann ein Vermögen kosten. Es gibt Fahrräder, die mit einem Haufen Computer ausgerüstet sind, mit denen du alles Mögliche messen kannst. Ein solches Fahrrad kann dir sagen, wo du gerade bist und wo du langfahren sollst und wie du heißt. Aber das ist alles unnötig. Ein Fahrrad braucht zwei Räder, einen Sattel, Licht und Bremsen. Und ein Schloss, das ist leider auch nötig. Alles andere aber ist eigentlich Schnickschnack. Wie gut einer fährt, wie sicher und schnell, das hängt allein von ihm selbst ab und nicht von dem teuren Tinnef, den der Fahrradhändler einem aufschwatzen will.

Schau dir einmal die Räder der Leute an, die ständig mit dem Fahrrad fahren, die Rennfahrer oder die Fahrradboten. Da ist nur das Notwendigste dran, und das Rad ist leicht und stabil. Aber sie beherrschen ihr Rad. Sie können mit ihm auf der Stelle stehen. Sie können das Vorderrad anheben und nur mit dem hinteren Rad fahren. Das Rad ist ein Teil von ihnen, wie ein

Handschuh, und macht jedes Kunststück; es macht, was sie wollen.

Mit einem Fahrrad kommst du überall hin. Du kannst mit ihm in jede Stadt fahren und auch auf die Berge.

Mit einem Fahrrad kann man sogar um die Welt fahren. Dann hast du hinterher einen tüchtigen Muskelkater, und in deiner Heimatzeitung werden sie ein Foto von dir abdrucken.

16 SCHMERZ UND TRÄNEN, KUMMER UND VERLIEREN

Das war mir klar, dass du das sagst.

»Na, das hat mir gerade noch gefehlt! Was soll das denn heißen? Wer braucht das schon? Ich jedenfalls nicht!«

Natürlich ist es nicht schön. Wer weint schon gern oder möchte Kummer und Schmerzen haben. Und verlieren will auch keiner. Jeder versucht zu gewinnen, will überall der Erste sein. Oder zumindest bei den Dingen, die für ihn wichtig sind. Im Sport oder bei der schriftlichen Prüfung, bei den Spielen mit den Freunden oder der Familie, beim Radfahren und Schwimmen. Immer zählt da nur: Wer hat gewonnen? Schon der zweite Sieger gehört nicht zu den Gewinnern, sondern hat das Gefühl, verloren zu haben.

Aber du weißt selbst, dass man im Leben nicht immer gewinnen kann. Auch der größte Sieger, auch der, der fast überall und immer gewinnt, verliert irgendwann einmal, irgendwann und irgendwo. So ist es halt im Leben.

Gewinnen und glücklich sein, das kann jeder, das braucht man nicht zu erlernen. In der Disziplin, in der man antritt, muss man vorher üben und dann, wenn es darauf ankommt, um den Sieg kämpfen. Wenn man gewonnen hat, reißt man den Arm hoch oder stößt einen Schrei aus, man strahlt über das ganze Gesicht wie ein Honigkuchenpferd und ist einfach glücklich. Das geht ganz automatisch, das muss man nicht üben.

Aber zu verlieren und Kummer und Schmerzen zu haben und zu weinen, das ist viel schwieriger. Das kann keiner so einfach.

Man sollte lernen, wie man damit umgeht. Mit den heftigen Zahnschmerzen oder dem schlimmen Bauchweh. Um zu erfahren, wie der eigene Körper auf solche schlimmen Erfahrungen reagiert. Vielleicht will dir dein Körper mit den Schmerzen, die er dir macht, nur sagen, dass er auch noch da ist. Dass du auf ihn achten sollst. Dass es gut ist, wenn man gesund ist und den Körper nicht spürt, aber dass dies ein großes Glück ist, was nicht jeder Mensch hat.

Vor allem aber sollte man auch im schlimmsten Unglück und größten Kummer wissen, dass ein anderer Tag kommen wird. Ein Tag, an dem die Verzweiflung und die Schmerzen aufhören oder erträglich werden.

Diesen anderen Tag solltest du im Kopf haben, weil dann der Kummer ein wenig weniger fürchterlich ist. Du wirst bei allem Schmerz lernen, dass es weitergehen und es für dich eine neue Chance geben wird, bei der du um den Sieg kämpfen kannst. Und gewinnen wirst. Und das ist vielleicht schon morgen.

Du darfst nie den nächsten Tag vergessen. Auf ihn kannst du hoffen. Heute hast du verloren, aber an diesem nächsten Tag wirst du es schaffen. Und dieses Wissen wird dir bereits helfen, den dummen, dunklen Tag heute und die Niederlage zu überstehen.

Irgendwo las ich einmal: Indianer weinen nicht. Und ich dachte, was sind denn das für Leute?

Und dann habe ich sie besucht. Ich bin nach Amerika geflogen, nach Arizona, ich war bei den Indianern und habe bei ihnen gewohnt. Es geht ihnen nicht gut. Sie haben ein hartes und sehr schweres Leben, und – um die Wahrheit zu sagen – ich fürchte, sie sind ein aussterbendes Volk. Irgendwann wird es die Indianer als ein großes, stolzes Volk nicht mehr geben, und du kannst nur noch in den Museen und den Büchern etwas von ihnen erfahren.

Als ich bei ihnen war, habe ich gesehen, dass auch Indianer weinen. Selbst die Männer. Und ich konnte sie verstehen. Dass Indianer nicht weinen, ist nur ein dummer Spruch. Wer das behauptet, hat keine Ahnung und hat sie nie gesehen.

Die Wahrheit ist vielmehr: Indianer schämen sich ihrer Tränen nicht. Sie haben es gelernt, mit ihren Schmerzen und dem Verlieren zu leben, und mit ihrem Kummer und mit ihren Tränen.

17 ÜBER DEN EIGENEN SCHATTEN SPRINGEN

Ich weiß, wie schlimm das ist, wenn der Sportlehrer oder der Trainer sagt: »Noch eine Bahn, das schaffst du.«

Man ist völlig erledigt, alles tut einem weh, und man möchte sich einfach nur noch auf den Boden schmeißen und ausruhen.

Oder wenn die Klavierlehrerin immer noch nicht zufrieden ist und das Stück zum hundertsten Mal von dir hören will. Du hast dein Bestes gegeben, aber sie meint immer noch, dass du es besser spielen kannst.

In dem Moment, in dem man dir das sagt, ist es mehr als nur unangenehm für dich. Ohne dass du es willst, kommen dir die Tränen, und du musst dir auf die Lippen beißen, um nicht vor Schmerz und Wut laut aufzuheulen.

Aber wenn du dich dann zusammennimmst, um es dem Trainer oder der Lehrerin zu beweisen, wenn du das schaffst, was du dir eigentlich nicht mehr zugetraut hast, dann erlebst du einen Moment von großem Glück. Du bist über eine Grenze gekommen, du bist bis zu einem Punkt gekommen, der dir unerreichbar schien. Und ohne diese Anregung, diese Forderung der anderen hättest du es nie geschafft. Weil du dir zu wenig zutraust oder zumuten willst. Weil du nicht ahnst, was alles in dir steckt.

Es ist gut, wenn jemand bei dir ist, der dir Mut macht. Der mehr von dir erwartet als du selbst. Und der genau weiß, was du alles schaffen kannst. Du brauchst nur den kleinen Stups, die Anregung eines anderen, die Herausforderung. Der andere kann ein Lehrer oder Trainer oder dein Vater sein. Oder ein Freund, einer deiner Kameraden. Jemand, der dich gernhat und dir helfen will.

Man braucht Anregungen und Herausforderungen. Und man braucht solche Helfer. Sei ihnen also nicht böse, wenn sie dir helfen herauszubekommen, was du alles erreichen kannst.

18 DIE FAMILIE

Ich hoffe, du hast eine Familie.

Natürlich hast du eine Familie, die hat jeder Mensch. Aber ich hoffe, dass deine Familie auch wirklich eine ist. Dass sie zusammenhält. Dass man sich auf sie verlassen kann, auch bei dummen Geschichten.

Eine Familie, das sind alle zusammen: Mama, Papa, die Geschwister und der Rest, die Mischpoche. Also Oma und Opa, Tanten und Onkel, Cousin und Cousine. Die ganze Bande. Die Famlienbande.

Die Familie braucht man. Sie ist so wichtig wie die Heimat, und eigentlich noch wichtiger. Denn bei der Familie ist man wirklich daheim. Dort kann man sich fallen lassen. Sich ausruhen. Kraft schöpfen. Die Familie steht für einen ein, wenn man sie braucht.

Die Familie, das sind Leute, die man liebt. Von denen man alles weiß. Die einem helfen. Die einem auf den Wecker fallen. Die fortwährend etwas von einem verlangen, irgendeine Hilfe, auch wenn man gar keine Zeit hat. Die man gelegentlich zum Teufel wünscht, weil sie einem keine Ruhe lassen. Und die man so sehr liebt, dass man Heimweh bekommt, wenn man für ein paar Tage oder Wochen verreist ist.

Eine Familie hat man für immer. Man kann sie sich nicht aussuchen und man gehört zu ihr, selbst wenn man sich mit ihr völlig zerstritten hat.

Irgendwann, auch das passiert, verabschiedet sich einer aus der Familie. Das ist sehr schlimm, denn wenn einer aus der Familie geht, dann geht er für immer und alle Zeit. Er stirbt, und du wirst ihn nicht wiedersehen, niemals, auch wenn es dein liebster Mensch war und du nicht weißt, wie du ohne ihn leben sollst.

Irgendwann kommen neue Familienmitglieder hinzu, die du zuvor gar nicht kanntest und die dann zur Familie gehören, als wären sie schon immer dabei. Weil dein älterer Bruder heiratet oder deine große Schwester ein Kind bekommt.

Alle in deiner Familie gehören zu dir, auch wenn sie sonst wo wohnen. Wenn einer aus deiner Familie umzieht, ganz weit weg, dann kannst du, wenn du nach Italien oder Amerika fährst, ihn dort besuchen. Er wird dir seine neue Heimat zeigen, und du kannst bei ihm wohnen. Und am Abend seid ihr zusammen wie damals, als ihr noch Kinder wart.

Familien kommen ab und zu zusammen, um etwas miteinander zu feiern. Diese Familienfeiern sind gelegentlich anstrengend und nervtötend, und manchmal ist man einfach froh, wenn man sie überstanden hat. Aber irgendwie sind sie auch schön, weil man sich mal wieder sieht.

19 DIE CLIQUE

Man braucht einen Freund. Vielleicht hast du sogar zwei Freunde, denen du alles sagen kannst und mit denen du dich auch ohne viele Worte verstehst. Und dann gibt es auch die Schar der Freunde, die Bande, die Verschworenen, die Crew, die Clique, den Geheimbund, die Mannschaft. Die braucht man auch.

Die Freunde, das sind diejenigen, mit denen man in jeder Schulpause zusammen auf dem Hof steht, mit denen man gemeinsam die Nachmittage verbringt, vor der Eisdiele herumhängt, ins Kino geht, in ein Konzert, mit denen man eine Band gründet, um beim Schulfest aufzutreten und die Mädchen zu beeindrucken. Das ist die Gruppe, mit der man große Fahrradtouren macht, im Sommer an einem See zeltet, mit der man stundenlange Spielturniere bestreitet.

Gut ist es, wenn deine Truppe einen Namen hat. Einen sehr heldischen. Oder einen Furcht einflößenden. Oder einen völlig schrägen. Das könnte dann auf einem T-Shirt stehen, damit jeder gleich weiß, ihr gehört zusammen, ihr steht füreinander ein. Du weißt ja, einer für alle und alle für einen.

So eine Clique kann manchmal ein Leben lang bestehen, auch wenn alle längst verheiratet sind und selber Kinder haben. Dann treffen sich die alten Herren nur gelegentlich, vielleicht zu einer Motorradtour oder einem Grillabend. Und sicherlich tragen sie alle noch das T-Shirt mit dem Namen ihrer Clique. Oder sie haben sich ein neues besorgt, aber mit dem alten Namen. Sie sind Freunde geblieben, und das ist etwas sehr Wichtiges im Leben.

Wenn du von der Schule die Nase voll hast, von dem Lernen und den Klassenarbeiten, und keine Lust hast, frühmorgens hinzugehen, dann denk an die Clique. Deine Kumpel stehen vor dem Schultor und warten schon auf dich.

20 VERLIEBT SEIN

Warst du schon einmal verliebt? So richtig? Wo dir ganz warm wird, wenn du das Mädchen oder den Jungen siehst? Wo du glücklich bist, wenn dieser Mensch in den Raum kommt und dich anschaut?

Wenn man verliebt ist, verändert sich die Welt. Dann scheinen alle Menschen freundlicher zu sein. Und die unfreundlichen stören einen nicht, man lächelt sie an, ohne sich über sie zu ärgern. Pech und dumme Geschichten, Schulstress und Spannungen daheim, das ist plötzlich alles nicht mehr so wichtig. Man ist verliebt, da geht es einem wunderbar. Man hat etwas abgehoben, man schwebt, zwei Zentimeter über dem Boden. Auf Wolke sieben.

Und man schafft sehr viel mehr. Man kann Stunden mit dem Menschen, den man liebt, zusammen sein, mit ihm stundenlang durch den Park oder Wald spazieren oder am Fluss sitzen, trotzdem schafft man alles, was man für die Schule oder für zu Hause zu erledigen hat. Das geht spielend und fast nebenbei. Irgendwie gibt es einem Kraft, wenn man verliebt ist. Man wird stärker und lustiger und freier. Man lässt sich nicht mehr so leicht ärgern und ist weniger traurig. Man hat immer etwas, worauf man sich freut.

Man ist nicht mehr allein. Man hat jemanden, der einen versteht. Jemanden, den man jeden Tag sehen will.

Vielleicht wird dein bester Freund oder deine beste Freundin eifersüchtig, weil du für sie nicht mehr so viel Zeit hast. Dann sprich mit ihm oder ihr und erklär ihnen, dass das etwas ganz anderes ist und nichts mit eurer Freundschaft zu tun hat.

Dein Freund bleibt dein Freund. Und die Liebe, das Verliebtsein, das ist etwas anderes, das nimmt deinem Freund nichts weg.

Wenn du nicht verliebt bist, wenn du noch nie in deinem Leben in jemanden verliebt warst, dann musst du nicht traurig sein. Es wird passieren. Eines Tages. Und du kannst dich heute schon darauf freuen. Denn Verliebtsein, das ist noch schöner als der größte Eisbecher oder deine Lieblingsspeise. Ungelogen. Ich schwöre es.

CHRISTOPH HEIN, 1944 in Schlesien geboren, studierte Philosophie und Logik in Berlin. Er arbeitet als Schriftsteller, Dramatiker, Übersetzer und Essayist. Für seine Theaterstücke, Erzählungen und Romane wurde er vielfach ausgezeichnet, u. a. mit dem Uwe-Johnson-Preis und Stefan-Heym-Preis. Zusammen mit der Illustratorin Rotraut Susanne Berner hat er bereits zwei Kinderbücher veröffentlicht: »Das Wildpferd unterm Kachelofen« (1989) und »Mama ist gegangen« (2003). »Alles, was du brauchst« ist sein erstes Kinderbuch bei Hanser.

ROTRAUT SUSANNE BERNER, 1948 in Stuttgart geboren, studierte Grafikdesign und ist seit 1977 freie Buchgestalterin, Illustratorin und Autorin. Für ihre rund 50 Bilder- und Kinderbücher wurde sie u. a. mit dem Sonderpreis zum Deutschen Jugendliteraturpreis für ihr Gesamtwerk, dem Großen Preis der Deutschen Akademie in Volkach und dem Hans Christian Andersen-Preis ausgezeichnet.

Für das Hanser Kinderbuch schuf sie viele preisgekrönte Bücher, und illustrierte Texte u. a. von Hans Magnus Enzensberger, Hanna Johansen und Bart Moeyaert. Über das Kaninchen Karlchen sind bereits 15 Bilder- und Vorlesebücher entstanden, außerdem zwei Spiele und eine Handpuppe. Zuletzt erschien 2018 das Bilderbuch »Das Kind und die Katze« von Ingrid Bachér mit ihren Illustrationen.

6. Auflage 2024

ISBN 978-3-446-26273-7
Alle Rechte vorbehalten
© 2019 Carl Hanser Verlag GmbH & Co. KG, München
Umschlag: Rotraut Susanne Berner
Satz im Verlag
Druck und Bindung: CPI books GmbH, Leck
Printed in Germany

FSC
www.fsc.org
MIX
Papier | Fördert
gute Waldnutzung
FSC® C083411